Kornelia Schlaaf-Kirschner | Uta Fege-Scholz

Mehrsprachiger Kriterienkatalog zum Beobachtungsbogen Sprachentwicklung von 1–6 Jahren

Auf einen Blick!

Verlag an der Ruhr

Impressum

Titel
Auf einen Blick
Mehrsprachiger Kriterienkatalog zum Beobachtungsbogen Sprachentwicklung von 1–6 Jahren
10er-Set mit Arabisch, Englisch, Französisch, Russisch, Türkisch, Ukrainisch

Autorin
Kornelia Schlaaf-Kirschner, Uta Fege-Scholz

Umschlagmotive
© Verlag an der Ruhr

Übersetzung und Lektorat
A. C. T. GmbH

Druck
Heenemann GmbH & Co. KG,
Berlin, DE

Verlag an der Ruhr
Mülheim an der Ruhr
www.verlagruhr.de

Hinweis:
Der Verlag an der Ruhr legt großen Wert auf eine geschlechtergerechte und inklusive Sprache. Daher nutzen wir bevorzugt das Gendersternchen, um sowohl männliche und weibliche als auch nichtbinäre Geschlechtsidentitäten einzuschließen. Alternativ verwenden wir neutrale Formulierungen.
In diesem Buch verzichten wir dennoch auf das Gendern. Dies ist eine Einzelfallentscheidung aus didaktischen Gründen und ist in keinem Fall ausschließend oder diskriminierend zu verstehen.

ISBN 978-3-8346-6261-3

Inhaltsverzeichnis

Der Kriterienkatalog auf Deutsch S. 4

Der Kriterienkatalog auf Arabisch S. 10

Der Kriterienkatalog auf Englisch S. 15

Der Kriterienkatalog auf Französisch S. 20

Der Kriterienkatalog auf Russisch S. 26

Der Kriterienkatalog auf Türkisch S. 32

Der Kriterienkatalog auf Ukrainisch S. 38

Sprachbereich Sprachverständnis

1. Das Kind versteht Nomen (Hauptwörter, z. B. Auto, Puppe).
2. Das Kind versteht Verben (Tätigkeitswörter, z. B. essen, trinken, gehen, turnen).
3. Das Kind versteht Präpositionen (Lagebezeichnungen, z. B. auf, unter, neben).
4. Das Kind versteht Adjektive (Eigenschaftswörter, z. B. groß, klein, traurig, fröhlich).
5. Das Kind versteht Aufforderungen in konkreten Situationen und setzt diese um.
6. Das Kind versteht einteilige, situationsungebundene Aufforderungen und setzt diese um.
7. Das Kind versteht mehrteilige, situationsungebundene Aufforderungen und setzt diese um.
8. Das Kind versteht Zeitangaben, z. B. heute, gestern, morgen.
9. Das Kind versteht Beziehungen und Auswirkungen (z. B. „Es wird hell, wenn die Sonne aufgeht.“).
10. Das Kind versteht W-Fragen, indem es richtig auf diese antwortet.

Sprachbereich Wortschatz/Wortbedeutung

11. Das Kind spricht einzelne Wörter.
12. Das Kind kann bis zu 50 Wörter sprechen.
13. Das Kind kennt und verwendet Verben (Tätigkeitswörter, z. B. essen, laufen, schlafen).
14. Das Kind kennt und verwendet Adjektive (Eigenschaftswörter, z. B. dick, dünn, alt, jung).
15. Das Kind kennt und verwendet Präpositionen (Lagebezeichnungen, z. B. vor, auf, neben, in).
16. Das Kind benennt Farben.
17. Das Kind benennt Dinge genau und detailliert (z. B. Wimpern).

18. Das Kind benennt Formen (z. B. Kreis, Dreieck, Viereck).
19. Das Kind kann Oberbegriffe benennen und richtig zuordnen (z. B. Apfel = Obst).
20. Das Kind kann sich differenziert ausdrücken (z. B. Abläufe genau erklären oder beschreiben).

Sprachbereich Lautproduktion/Lautwahrnehmung

21. Das Kind spricht die Vokale a, e, i, o, u.
22. Das Kind produziert die Laute m, p, d, b, n.
23. Das Kind bildet die Laute w, f, l, t, ng (wie in Junge), k, ch$_2$(wie in hoch), s, z, h.
24. Das Kind spricht die Laute j, r, g, pf.
25. Das Kind produziert Konsonantenverbindungen, z. B.: kl, fl, bl, gl, br, fr, gr.
26. Das Kind produziert die Laute ch$_1$(wie in ich) und sch.
27. Das Kind produziert auch schwierige Konsonantenverbindungen, z. B. dr-, tr-, kr-, kn-, sch-Verbindungen (z. B. Schmetterling, Straße, Schnecke etc.).
28. Das Kind spricht in Eins-zu-eins-Situationen deutlich.
29. Das Kind spricht im Gruppengeschehen deutlich.
30. Das Kind erkennt Rhythmen und kann diese mitklatschen.
31. Das Kind kann Wörter in Silben zerlegen/klatschen.
32. Das Kind erkennt Reimwörter.
33. Das Kind kann Reimwörter ergänzen.
34. Das Kind unterscheidet ähnlich klingende Wörter.
35. Das Kind erkennt Anlaute.

Sprachbereich Wortbildung und Satzbau

36. Das Kind spricht Einwortsätze.
37. Das Kind spricht Zweiwortsätze.
38. Das Kind verwendet Dreiwortsätze (das Verb steht am Satzende).
39. Das Kind bildet Drei- und Mehrwortsätze, wobei das Verb an der zweiten Stelle steht.
40. Das Kind stellt W-Fragen.
41. Das Kind verändert das Verb (Tätigkeitswort) entsprechend der Person (ich geh<u>e</u>, du geh<u>st</u>, wir geh<u>en</u>).
42. Das Kind verwendet Präpositionen (Lagebezeichnungen, z. B. in, auf, unter) innerhalb eines Satzes richtig.
43. Das Kind verwendet Plural (Mehrzahl).
44. Das Kind verwendet Artikel (Begleiter/Geschlechtswort: der, die, das, ein, eine, einer).
45. Das Kind verwendet Adjektive (Eigenschaftswörter) im Satz richtig.
46. Das Kind antwortet korrekt auf W-Fragen (Satzbau und Wortbildung sind korrekt).
47. Das Kind bildet Nebensätze, wobei das Verb am Satzende steht.
48. Das Kind gibt Situationen oder Ereignisse in richtiger zeitlicher Abfolge wieder.
49. Das Kind bildet die Vergangenheitsform Perfekt (vollendete Vergangenheit) richtig („Ich habe den Hund gestreichelt.“).
50. Das Kind bildet die Vergangenheitsform Präteritum (Imperfekt) richtig („Der Junge sagte zum Mädchen …“).
51. Das Kind gebraucht den Kasus Akkusativ korrekt (Wen- oder Was-Fall: „Das Mädchen isst <u>den Apfel</u>.“).
52. Das Kind verwendet den Kasus Dativ richtig (Wem-Fall: „Die Brille gehört <u>dem Jungen</u>.“).

Sprachbereich Sprechmelodie und Betonung

53. Das Kind variiert die Lautstärke je nach Stimmung und Situation.
54. Das Kind verändert seine Tonhöhe je nach Aussage des Satzes (Frage, Aussage etc.).
55. Das Kind kann einzelne Wörter betonen/akzentuieren, um diesen eine besondere Bedeutung zu verleihen.
56. Das Kind ist in der Lage, beim Sprechen einen sinnvollen Rhythmus einzuhalten.

Sprachbereich Verbale/nonverbale Kommunikation

57. Das Kind sucht und hält Blickkontakt.
58. Das Kind hält Dialoge, die sich auf das unmittelbare Umfeld beziehen.
59. Das Kind ist der sprechenden Person zugewandt.
60. Das Kind kann Wünsche äußern.
61. Das Kind beginnt ein Gespräch von sich aus.
62. Das Kind hält Sprecher-Hörer-Wechsel ein.
63. Das Kind verdeutlicht sein Sprechen mit Mimik und Gestik.
64. Das Kind verwendet „ich".
65. Das Kind spricht situationsangemessen.
66. Das Kind berücksichtigt die zuhörende Person und passt seine Reaktionen bzw. seine Kommunikation an sein Gegenüber an.
67. Das Kind bezieht nicht-situatives Wissen mit ein.
68. Das Kind fragt nach.
69. Das Kind antwortet sinngemäß auf Fragen.
70. Das Kind hört aufmerksam zu.
71. Das Kind kann eine kurze Geschichte sinnvoll nacherzählen.
72. Das Kind beschreibt etwas Besonderes.

Sprachbereich Umgang mit Bilderbüchern, Texten, Erzählungen etc.

73. Das Kind ist an Büchern interessiert.

74. Das Kind zeigt und benennt Dinge oder Tiere in Bilderbüchern oder ahmt sie nach.

75. Das Kind nimmt aktiv an Bilderbuchbetrachtungen teil.

76. Das Kind erkennt Zusammenhänge aus Bildergeschichten oder Bilderbüchern wieder.

77. Das Kind konzentriert sich über einen längeren Zeitraum auf Geschichten und Erzählungen.

78. Das Kind kann Geschichten in logischer Reihenfolge wiedergeben.

79. Das Kind versucht, zu „schreiben".

80. Das Kind interessiert sich für Schrift, versucht, Buchstaben zu schreiben.

81. Das Kind erkennt Bilder, Symbole und Piktogramme wieder, die häufig im Kindergarten verwendet werden.

82. Das Kind erkennt einzelne Buchstaben wieder.

Grundlegende Voraussetzungen

83. Das Kind reagiert auf seinen Namen.

84. Das Kind zeigt emotionale Reaktionen auf ein freundliches Gesicht.

85. Das Kind hat eine gute Mundmotorik.

86. Das Kind reagiert auf Flüstern.

87. Das Kind erkennt verschiedene Geräusche und ordnet diese zu.

88. Das Kind wendet sich einer Schallquelle zu (dreht den Kopf).

89. Das Kind kann eine Reihe von Wörtern nachsprechen.

90. Das Kind kann Dinge in der Nähe erkennen.

91. Das Kind kann Dinge in der Ferne erkennen.

92. Das Kind fühlt sich bei seinen Handlungen wohl.

93. Das Kind ist interessiert an seiner Umwelt.

94. Das Kind reagiert deutlich auf Interaktionsangebote.

95. Das Kind nimmt Gefühle anderer wahr und verhält sich empathisch.
96. Das Kind kann mit Konzentration und Ausdauer bei der Sache bleiben.
97. Das Kind kann das Wesentliche vom Unwesentlichen unterscheiden.
98. Das Kind setzt seinen Körper entsprechend seinem Alter ein.
99. Das Kind zeigt eine gute Koordination bei komplexen Bewegungsabläufen.
100. Das Kind ist geschickt in Alltagshandlungen, zieht sich z. B. selbstständig an und aus.
101. Das Kind zeigt soziales Verhalten in der Gruppe.
102. Das Kind besitzt ein positives Selbstwertgefühl.

الجانب اللغوي فهم اللغة

1. الطفل يفهم الأسماء (الأسماء الرئيسية، مثل السيارة واللعبة).
2. الطفل يفهم الأفعال (أفعال الحياة اليومية، مثل يأكل، يشرب، يذهب، يلعب الجمباز).
3. الطفل يفهم حروف الجر (وصف الأوضاع، مثل على، أسفل، بجانب).
4. الطفل يفهم الصفات (كلمات الوصف، مثل كبير، صغير، حزين، سعيد).
5. الطفل يفهم الأوامر في مواقف محددة وينفذها.
6. الطفل يفهم الأوامر ذات الجزء الواحد، وغير المرتبطة بمواقف وينفذها.
7. الطفل يفهم الأوامر متعددة الأجزاء، وغير المرتبطة بمواقف وينفذها.
8. الطفل يفهم الأوقات، مثل اليوم، أمس، غدًا.
9. الطفل يفهم العلاقات والآثار المترتبةعليها (مثل: „يضيء النهار، عندما تشرق الشمس.").
10. الطفل يفهم الأسئلةالاستفهامية، من خلال إجابته الصحيحة عليها.

الجانب اللغوي المفردات/معاني الكلمات

11. الطفل ينطق كلمات مفردة.
12. الطفل يستطيع أن ينطق حتى 50 كلمة.
13. الطفل يعرف الأفعال ويستخدمها (أفعال الحياة اليومية، مثل يأكل، يجري، ينام).
14. الطفل يعرف الصفات ويستخدمها (كلمات الوصف، مثل سمين، نحيف، كبير، صغير).
15. الطفل يعرف حروف الجر ويستخدمها (وصف الأوضاع، مثل أمام، على، بجانب، في).
16. الطفل يُسمي الألوان بأسمائها.
17. الطفل يسمي الأشياء بدقة وتفصيل (مثل، الرموش).
18. الطفل يسمي الأشكال (مثل، الدائرة، المثلث، المربع).
19. الطفل يستطيع تسمية المصطلحات العامة ويرتبها بشكلٍ صحيح (مثل، التفاح = فاكهة).
20. الطفل يستطيع التعبير عن نفسه بطريقة مختلفة (مثل، شرح العمليات أو وصفها)

الجانب اللغوي إخراج الصوت/إدراك الأصوات

21. الطفل يستطيع نطق الحروف الصوتية آه، أو، إي، يو / a, e, i, o, u.
22. الطفل ينطق الأصوات ما، با، دا، نا / m, p, d, b, n.
23. الطفل يشكل الأصوات فا، لا، تا، انج / w, f, l, t, ng (كما في كلمة مانجو / Junge)، وكذلك خا، كا / k, ch_2 (كما في كلمة hoch / كوخ)، وكذلك سا، زا، ها / s, z, h.
24. الطفل ينطق الأصوات يا، را، جا، فا / j, r, g, pf.
25. الطفل ينطق مجموعة المقاطع الساكنة، مثل كا، فا، با، جا، فرا، جرا، لا
kl, fl, bl, gl, br, fr, gr /
26. الطفل ينطق الصوت شا / ch_1 (كما في عيش / ich) و إيش / sch.
27. الطفل ينطق أيضًا مجموعة المقاطع الساكنة الصعبة، مشا المقاطع ش، د، ك، ط، ت
dr-, tr-, kr-, kn-, sch / (مثل، طريق، فراشة، شوكولاته، إلخ
Schmetterling, Straße, Schnecke, etc / إلخ.).
28. الطفل يتحدث بوضوح في المواقف الفردية.
29. الطفل يتحدث بوضوح في الأنشطة الجماعية.
30. الطفل يتعرف على الإيقاعات ويستطيع التصفيق معها.
31. الطفل يستطيعتقسيم المقاطع والتصفيق معها..
32. الطفل يتعرف على كلمات القافية.
33. الطفل يستطيع إكمال كلمات القافية.
34. الطفل يميز الكلمات المتشابهة.
35. الطفل يتعرف على الأصوات الأولية.

الجانب اللغوي بناء الكلمة والجملة

36. الطفل ينطق جملة من كلمة واحدة.
37. الطفل ينطق جملة من كلمتين.
38. الطفل يستخدم جملة من ثلاث كلمات (الفعل في بداية الجملة).
39. الطفل يكوِّن جملة من ثلاث كلمات ومن جمل متعددة، حيث الفعل في المرتبة الأولى.
40. الطفل يطرح أسئلةاستفهامية.
41. الطفل يغير الفعل (فعل الحياة اليومية) طبقًا للشخص (أنا أذهب، هو يذهب، نحن نذهب).
42. الطفل يستخدم حروب الجر داخل الجملة بشكلٍ صحيح (وصف الأوضاع، مثل في، على، أسفل).
43. الطفل يستخدم صيغة الجمع (الأكثرية).

44. الطفل يستخدم أداة التعريف الـ).

45. الطفل يستخدم الصفات (كلمات الوصف) في الجملة بشكل صحيح.

46. الطفل يجيب على الأسئلةالاستفهامية بشكلٍ صحيح (بناء الجملة وتكوين الكلمة صحيحان).

47. الطفل يبني جملًا جانبية، حيث يقع الفعل في آخر الجملة.

48. الطفل يعيد إنتاج المواقف أو الأحداث بالترتيب الزمني الصحيح.

49. الطفل يبني صيغة الماضي (التام) بشكلٍ صحيح
(" .Ich habe den Hund gestreichelt„).

50. الطفل يبني زمن الماضي القريب (الماضي الناقص) بشكلٍ صحيح
("...Der Junge sagte zum Mädchen„).

51. الطفل يستخدم حالة النصب بشكل صحيح
(حالة Wen أو Was: „Das Mädchen isst den Apfel. ").

52. الطفل يستخدم حالة الجر بشكلٍ صحيح
(حالة Wem: „Die Brille gehört dem Jungen. ").

الجانب اللغوي رتم الكلام والنبرة

53. الطفل يُنوّع مستوى الصوت بحسب الحالة المزاجية والوضع.

54. الطفل يغيّر نبرة صوته بحسب ما تحمله الجملة (سؤال، بيان إلخ).

55. الطفل يستطيع تأكيد/إبراز كلمات مفردة، لإعطائها معنىً خاصًا.

56. الطفل بإمكانه الحفاظ على إيقاعٍ معقول عند التحدث.

الجانب اللغوي التواصل اللفظي/وغير اللفظي

57. الطفل يسعى للتواصل البصري ويحافظ عليه.

58. الطفل يُجري حوارات تتعلق بالبيئة المباشرة.

59. الطفل يواجه الشخص المتكلم.

60. الطفل يستطيع التعبير عن رغباته.

61. الطفل يبدأ حوارًا من تلقاء نفسه.

62. الطفل يحافظ على التناوب بين المتحدث والمستمع.

63. الطفل يوضح كلامه بتعابير الوجه والإيماءات.

64. الطفل يستخدم الصيغة „أنا".

65. الطفل يتحدث بشكل مناسب للموقف.

66. الطفل يأخذ في الاعتبار الشخص المستمع، ويضبط ردود أفعاله أو تواصله تجاه الشخص الآخر.
67. الطفل لا يُلم بالمعرفة الظرفية.
68. الطفل يسأل.
69. الطفل يجيب على الأسئلة وفقًا لمعناها.
70. الطفل يُنصت باهتمام.
71. الطفل يستطيع أن يعيد رواية قصة قصيرة بشكل مفيد.
72. الطفل يصف شيئًا مميزًا.

الجانب اللغوي التواصل اللفظي/وغير اللفظي

73. الطفل يهتم بالكتب.
74. الطفل يشير ويُسمي الأشياء أو الحيوانات في الكتب المصورة أو يقلدها.
75. الطفل يشارك بفاعلية عند النظر إلى الكتب المصورة.
76. الطفل يتعرف على السياقات من القصص المصورة أو الكتب المصورة.
77. الطفل يركز لمدة طويلة في القصص والحكايات.
78. الطفل يستطيع أن يُعيد قص القصص بترتيب منطقي.
79. الطفل يحاول أن „يكتب".
80. الطفل يهتم بالخط، ويحاول أن يكتب حروفًا.
81. الطفل يتعرف على الصور والرموز والرسوم التوضيحية، التي غالبًا ما تستخدم في رياض الأطفال.
82. الطفل يتعرف على حروف مفردة.

متطلبات أساسية

83. الطفل يستجيب عند سماعه اسمه.
84. الطفل يبدي انطباعات عاطفية من خلال وجه ودود.
85. الطفل يمتلك نشاطًا حركيًا فمويًا جيدًا.
86. الطفل يستجيب للهمس.
87. الطفل يتعرف على الأصوات المختلفة ويطابقها.
88. الطفل يتجه نحو مصدر الصوت (يدير رأسه).
89. الطفل يمكنه ترديد سلسلة من الكلمات.

90. الطفل يستطيع التعرف على الأشياء القريبة.
91. الطفل يستطيع التعرف على الأشياء البعيدة.
92. الطفل يشعر بالارتياح في أفعاله.
93. الطفل يهتم بالعالم المحيط به.
94. الطفل يستجيب بوضوح لمن يرغب في التفاعل معه.
95. الطفل يحس بمشاعر الآخرين ويتصرف بعطف.
96. الطفل يستطيع مع التركيز والمثابرة الاستمرار في الأمر.
97. الطفل يستطيع تمييز الضروري من غير الضروري.
98. الطفل يستخدم جسده بما يتماشى مع سنه.
99. الطفل يظهر التنسيق الجيد في الحركات المعقدة.
100. الطفل ماهرٌ في الأنشطة اليومية، على سبيل المثال، يرتدي ملابسه ويخلعها بشكل مستقل.
101. الطفل يُظهِر سلوكيات اجتماعية في المجموعة.
102. الطفل لديه تقديرٌ إيجابيٌ لذاته.

Language area speech comprehension

1. The child understands nouns (e.g. car, doll, etc.).
2. The child understands verbs (action words, e.g. eat, drink, walk, exercise).
3. The child understands prepositions (names for locations, e.g. on, under, next to).
4. The child understands adjectives (modifying words, e.g. large, small, sad, happy).
5. The child understands instructions in specific situations and follows them.
6. The child understands single situation-independent instructions and follows them.
7. The child understands multiple situation-independent instructions and implements them.
8. The child understands references to time, e.g. today, yesterday, tomorrow.
9. The child understands relationships and effects (e.g. 'It gets light when the sun comes up.').
10. The child understands wh-questions and answers them correctly.

Language area vocabulary/word meaning

11. The child uses individual words.
12. The child can use up to 50 words.
13. The child knows and uses verbs (action words, e.g. eat, run, sleep.).
14. The child knows and uses adjectives (modifying words, e.g. fat, thin, old, young).
15. The child knows and uses prepositions (names for locations, e.g. in front of, on, next to, in).
16. The child can name colours.
17. The child can can name things in a precise and detailed manner (e.g. eyelashes).

18. The child can can name shapes (e.g. circle, triangle, square).
19. The child can use and correctly assign umbrella terms (e.g. apple = fruit).
20. The child can use differentiated language (e.g. precisely explain or describe sequences).

Language area sound production/sound perception

21. The child can use the vowels a, e, i, o, u.
22. The child can produce the sounds m, p, d, b, n.
23. The child can pronounce the sounds w, f, l, t, ng (like in Ju<u>ng</u>e „you<u>ng</u>"), k, ch_2 (like in lo<u>ch</u>), s, z, h.
24. The child can pronounce the sounds j, r, g, pf.
25. The child can produce consonant blends, e.g. kl, fl, bl, gl, br, fr, gr.
26. The child can produce the sounds ch_1 (like in i<u>ch</u>) and sch.
27. The child can also produce difficult consonant blends, e.g. dr, tr, kr, kn, sch (e.g. <u>Sch</u>metterling, <u>S</u>traße, <u>Sch</u>necke, etc.).
28. The child speaks clearly in one-on-one situations.
29. The child speaks clearly in group activities.
30. The child recognises rhythms and can clap along to them.
31. The child can break down words into syllables and clap along to them.
32. The child recognises rhyming words.
33. The child can think of rhyming words.
34. The child can distinguish between similar-sounding words.
35. The child recognises initial sounds.

Language area word formation and sentence structure

36. The child uses one-word sentences.
37. The child uses two-word sentences.
38. The child uses three-word sentences (the verb is at the end of the sentence).

39. The child uses three-word and longer sentences with the verb in the correct place.
40. The child asks wh-questions.
41. The child adapts the verb (action word) to the person (ich gehe, du gehst, wir gehen).
42. The child uses prepositions (names for locations, e.g. in, on, under) correctly in a sentence.
43. The child uses the plural form (multiples).
44. The child uses articles (the, a).
45. The child uses adjectives (modifying words) correctly in the sentence.
46. The child answers wh-questions correctly (sentence structure and word formation are correct).
47. The child uses subordinate clauses with the verb in the right place.
48. The child recounts situations or events in the correct chronological order.
49. The child uses the past perfect (completed past events) correctly ('I stroked the dog.').
50. The child uses the simple past correctly ('The boy said to the girl …').
51. The child uses the accusative case correctly (Wen- oder Was-Fall: „Das Mädchen isst den Apfel.").
52. The child uses the dative case correctly (Wem-Fall: „Die Brille gehört dem Jungen.").

Language area intonation and emphasis

53. The child varies their volume depending on the atmosphere and situation.
54. The child changes their pitch based on the meaning of the sentence (question, statement, etc.).
55. The child can emphasise/accentuate individual words to give them a special meaning.
56. The child is able to maintain a sensible rhythm when speaking.

Language area verbal/non-verbal communication

57. The child seeks and maintains eye contact.
58. The child maintains dialogues relating to the direct environment.
59. The child faces the person who is speaking.
60. The child can express wishes.
61. The child initiates conversation.
62. The child switches between speaking and listening.
63. The child clarifies their speech with facial expressions and gestures.
64. The child uses 'I'.
65. The child speaks in a way that is appropriate to the situation.
66. The child considers the person who is listening and adapts their response or communication to their conversation partner.
67. The child uses non-situational knowledge.
68. The child asks follow-up questions.
69. The child responds logically to questions.
70. The child listens attentively.
71. The child can retell a short story in a meaningful way.
72. The child describes something special.

Language area using picture books, texts, stories, etc.

73. The child is interested in books.
74. The child can point at and name things or animals in picture books or imitate their sounds.
75. The child actively participates in looking at picture books.
76. The child recognises situations from illustrated stories or picture books.
77. The child concentrates on stories and narratives for a longer period.
78. The child can retell stories in a logical sequence.
79. The child attempts to 'write'.
80. The child is interested in text and tries to write letters.

81. The child recognises images, symbols and pictograms that are often used at nursery.
82. The child recognises individual letters.

Language area using picture books, texts, stories, etc.

83. The child responds to their own name.
84. The child demonstrates emotional responses to a friendly face.
85. The child has good mouth motor activity.
86. The child responds to whispering.
87. The child recognises various sounds and categorises them.
88. The child turns to a source of noise (turns their head).
89. The child can copy a range of words.
90. The child can recognise things close to them.
91. The child can recognise things far away from them.
92. The child feels comfortable in their actions.
93. The child is interested in their environment.
94. The child has a clear response to offers of interaction.
95. The child perceives other people's feelings and behaves with empathy.
96. The child can concentrate on something and maintain their attention.
97. The child can distinguish important things from unimportant things.
98. The child uses their body appropriately for their age.
99. The child demonstrates good coordination in complex sequences of movement.
100. The child is adept at everyday activities, e.g. dresses and undresses independently.
101. The child displays sociable behaviour in the group.
102. The child has a positive sense of self-worth.

Domaine linguistique : compréhension du langage

1. L'enfant comprend les noms (substantifs, par ex. voiture, poupée).
2. L'enfant comprend les verbes (mots qui exprime une action, par ex. manger, boire, aller, jouer).
3. L'enfant comprend les prépositions (mots qui expriment une position, par ex. sur, sous, dans).
4. L'enfant comprend les adjectifs (mots qualificatifs, par ex. grand, petit, triste, joyeux).
5. L'enfant comprend les demandes dans des situations concrètes et les exécute.
6. L'enfant comprend les demandes en une seule partie, indépendantes de la situation, et les exécute.
7. L'enfant comprend les demandes en plusieurs parties, indépendantes de la situation, et les exécute.
8. L'enfant comprend les indications de temps, par ex. aujourd'hui, hier, demain.
9. L'enfant comprend les relations et conséquences (par ex. « Il fait jour quand le soleil se lève ».).
10. L'enfant comprend les pronoms interrogatifs et répond correctement aux questions où ils sont employés.

Domaine linguistique : vocabulaire/sémantique

11. L'enfant prononce des mots isolés.
12. L'enfant sait prononcer jusqu'à 50 mots.
13. L'enfant connaît et utilise les verbes (mots qui expriment une action, par ex. manger, marcher, dormir).
14. L'enfant connaît et utilise les adjectifs (mots qualificatifs, par ex. gros, mince, vieux, jeune).
15. L'enfant connaît et utilise les prépositions (mots qui expriment une position, par ex. devant, sur, sous, dans).

16. L'enfant nomme les couleurs.
17. L'enfant nomme les choses de manière précise et détaillée (par ex. cils).
18. L'enfant nomme les formes (par ex. cercle, triangle, carré).
19. L'enfant sait nommer les termes génériques et les classer correctement (par ex. pomme = fruit).
20. L'enfant sait s'exprimer de façon explicite (par ex.ou décrire des processus en détail).

Phonétique/phonologie

21. L'enfant prononce les voyelles a, e, i, o, u.
22. L'enfant produit les sons m, p, d, b, n.
23. L'enfant forme les sons w, f, l, t, ng (comme dans Junge), k, ch_2 (comme dans hoch), s, z, h.
24. L'enfant prononce les sons j, r, g, pf.
25. L'enfant produit des combinaisons de consonnes, par ex. kl, fl, bl, gl, br, fr, gr.
26. L'enfant produit les sons ch_1 (comme dans ich) et sch.
27. L'enfant produit également des combinaisons de consonnes difficiles, par ex. combinaisons avec dr, tr, kr, kn, sch (par ex. Schmetterling, Straße, Schnecke etc.).
28. L'enfant parle clairement dans des situations mettant en scène deux personnes.
29. L'enfant parle clairement dans un groupe.
30. L'enfant reconnaît les rythmes et sait les taper des mains.
31. L'enfant sait décomposer des mots en syllabes ou les compter de ses mains.
32. L'enfant reconnaît les mots qui riment.
33. L'enfant sait compléter les mots qui riment.
34. L'enfant distingue les mots à consonance similaire.
35. L'enfant reconnaît les sons initiaux.

Morphosyntaxe

36. L'enfant prononce des phrases d'un seul mot.
37. L'enfant prononce des phrases de deux mots.
38. L'enfant utilise des phrases de trois mots (le verbe est à la fin de la phrase).
39. L'enfant forme des phrases de trois et plusieurs mots, le verbe étant placé à la deuxième place.
40. L'enfant utilise les pronoms interrogatifs.
41. L'enfant accorde le verbe (mot qui exprime une action) en fonction de la personne (je vais, tu vas, nous allons).
42. L'enfant utilise des prépositions (mots qui expriment une position, par ex. dans, sur, sous) correctement dans une phrase.
43. L'enfant utilise le pluriel (pluralité).
44. L'enfant utilise les articles (déterminant/genre : le, la, un, une).
45. L'enfant utilise les adjectifs (mots qualificatifs) correctement dans la phrase.
46. L'enfant répond correctement aux questions avec pronoms interrogatifs (syntaxe et morphologie correctes).
47. L'enfant utilise les propositions subordonnées, le verbe étant placé à la fin de la phrase.
48. L'enfant reproduit des situations ou des événements dans le bon ordre chronologique.
49. L'enfant forme correctement le passé (passé composé) (« J'ai caressé le chien »).
50. L'enfant forme correctement l'imparfait (« Le garçon disait à la fille … »).
51. L'enfant utilise correctement le complément d'objet direct (qui ou quoi : « La fille mange la pomme »).
52. L'enfant utilise correctement le complément d'objet indirect (à qui : « Les lunettes appartiennent au garçon »).

Intonation/accent

53. L'enfant modifie le volume en fonction de l'humeur et de la situation.
54. L'enfant change de timbre en fonction de ce que dit la phrase (question, énoncé, etc.).
55. L'enfant sait souligner/accentuer des mots individuels pour leur donner un sens particulier.
56. L'enfant est capable de maintenir un rythme significatif lorsqu'il parle.

Communication verbale/non verbale

57. L'enfant cherche et maintient le contact visuel.
58. L'enfant a des conversations qui se rapportent à l'environnement immédiat.
59. L'enfant fait face au locuteur.
60. L'enfant sait exprimer ses souhaits.
61. L'enfant entame une conversation tout seul.
62. L'enfant observe l'alternance locuteur-auditeur.
63. L'enfant illustre son discours par des mimiques et des gestes.
64. L'enfant utilise « je ».
65. L'enfant parle de manière appropriée par rapport à la situation.
66. L'enfant tient compte de la personne qui l'écoute et adapte ses réactions ou sa communication à l'interlocuteur.
67. L'enfant intègre des connaissances qui ne sont pas directement liées à la situation.
68. L'enfant interroge.
69. L'enfant répond judicieusement aux questions.
70. L'enfant écoute attentivement.
71. L'enfant sait répéter une histoire courte d'une manière sensée.
72. L'enfant décrit quelque chose de particulier.

Utilisation de livres illustrés, textes, histoires (« literacy »), etc.

73. L'enfant s'intéresse aux livres.

74. L'enfant montre et nomme des choses ou des animaux dans des livres illustrés ou les imite.

75. L'enfant prend une part active en regardant des livres illustrés.

76. L'enfant reconnaît les liens de cause à effet à partir d'histoires illustrées ou de livres illustrés.

77. L'enfant se concentre sur les histoires et les récits pendant une période prolongée.

78. L'enfant sait restituer des histoires dans un ordre logique.

79. L'enfant essaie d'« écrire ».

80. L'enfant s'intéresse à l'écriture, essaie d'écrire des lettres.

81. L'enfant reconnait les images, les symboles et les pictogrammes qui sont souvent utilisés dans les crèches.

82. L'enfant reconnaît les lettres.

Conditions fondamentales

83. L'enfant réagit à son nom.

84. L'enfant a des réactions émotionnelles face à un visage amical.

85. L'enfant a une bonne motricité de la bouche.

86. L'enfant réagit aux chuchotements.

87. L'enfant reconnaît différents sons et les attribue.

88. L'enfant réagit à une source sonore (tourne la tête).

89. L'enfant sait répéter une série de mots.

90. L'enfant sait reconnaître des choses à proximité.

91. L'enfant sait reconnaître des choses à distance.

92. L'enfant se sent à l'aise dans ses actions.

93. L'enfant s'intéresse à son environnement.

94. L'enfant réagit clairement aux propositions d'interaction.

95. L'enfant perçoit les sentiments des autres et se comporte de manière empathique.
96. L'enfant sait rester concentré et faire preuve d'endurance.
97. L'enfant sait faire la différence entre ce qui est important et ce qui ne l'est pas.
98. L'enfant utilise son corps de manière adaptée à son âge.
99. L'enfant fait preuve d'une bonne coordination dans des séquences de mouvements complexes.
100. L'enfant est habile dans les activités quotidiennes, par ex. s'habille et se déshabille.
101. L'enfant fait preuve d'un comportement social au sein du groupe.
102. L'enfant possède une bonne estime de soi.

Язык: понимание речи

1. Ребенок понимает существительные (слова, обозначающие предметы, лица, явления, например, машина, кукла).
2. Ребенок понимает глаголы (слова, обозначающие действия, например, есть, пить, ходить, тренироваться).
3. Ребенок понимает предлоги (слова, обозначающие положение, например, на, под, рядом).
4. Ребенок понимает прилагательные (слова, обозначающие признаки, например, большой, маленький, грустный, счастливый).
5. Ребенок понимает просьбы в конкретных ситуациях и выполняет их.
6. Ребенок понимает однокомпонентные, независимые от ситуации просьбы и выполняет их.
7. Ребенок понимает многокомпонентные, независимые от ситуации просьбы и выполняет их.
8. Ребенок понимает слова, обозначающие время, например, сегодня, вчера, завтра.
9. Ребенок понимает связи и последствия (например, «Когда восходит солнце, становится светло»).
10. Ребенок понимает вопросительные слова, правильно отвечая на них.

Язык: словарный запас/понимание значения слов

11. Ребенок говорит отдельные слова.
12. Ребенок может произнести до 50 слов.
13. Ребенок понимает и использует глаголы (слова, обозначающие действия, например, есть, бегать, спать).
14. Ребенок знает и использует прилагательные (слова, обозначающие признаки, например, толстый, худой, старый, молодой).

15. Ребенок знает и использует предлоги (слова, обозначающие положение, например, перед, на, рядом, в).
16. Ребенок называет цвета.
17. Ребенок точно и подробно называет предметы (например, ресницы).
18. Ребенок называет формы (например, круг, треугольник, квадрат).
19. Ребенок может называть родовые понятия и правильно их использовать (например, яблоко = фрукт).
20. Ребенок может делать разнообразные высказывания (например, объяснять или подробно описывать процессы).

Речь: произношение и восприятие звуков

21. Ребенок произносит гласные a, e, i, o, u.
22. Ребенок произносит звуки m, p, d, b, n.
23. Ребенок произносит звуки w, f, l, t, ng (например, Ju<u>ng</u>e), k, ch_2 (например, ho<u>ch</u>), s, z, h.
24. Ребенок произносит звуки j, r, g, pf.
25. Ребенок произносит сочетания согласных, например, kl, fl, bl, gl, br, fr, gr.
26. Ребенок произносит звуки ch_1 (например, i<u>ch</u>) и sch.
27. Ребенок произносит сложные сочетания согласных, например, dr, tr, kr, kn, sch (например, Schmetterling, Straße, Schnecke).
28. Ребенок четко говорит во время разговора с одним собеседником.
29. Ребенок четко говорит при разговоре в группе.
30. Ребенок различает ритмы и может хлопать ладонями в ритм.
31. Ребенок может разделять слова на слоги.
32. Ребенок распознает рифмы.
33. Ребенок умеет дополнять рифмы.
34. Ребенок различает слова, похожие по звучанию.
35. Ребенок распознает первые звуки в словах или слогах.

Речь: построение слов и предложений

36. Ребенок говорит предложения из одного слова.

37. Ребенок говорит предложения из двух слов.

38. Ребенок говорит предложения из трех слов (глагол стоит в конце предложения).

39. Ребенок строит предложения из трех и более слов, в которых глагол стоит на втором месте.

40. Ребенок задает вопросы с вопросительными словами.

41. Ребенок изменяет глаголы (слова, обозначающие действие) по лицам (я иду, ты идешь, мы идем).

42. Ребенок правильно использует предлоги в предложении (слова, обозначающие положение, например, в, на, под).

43. Ребенок использует множественное число.

44. Ребенок употребляет артикли в немецком языке (der, die, das, ein, eine, einer).

45. Ребенок правильно использует прилагательные (слова, обозначающие признаки) в предложении.

46. Ребенок правильно отвечает на вопросы с вопросительным словом (построение предложения и слов правильное).

47. Ребенок строит сложноподчинённые предложения, в которых глагол стоит на последнем месте (в немецком языке).

48. Ребенок воспроизводит ситуации или события в правильной последовательности.

49. Ребенок правильно использует совершенную форму прошедшего времени («Я погладил собаку»).

50. Ребенок правильно использует несовершенную форму прошедшего времени («Мальчик говорил девочке …»).

51. Ребенок правильно использует винительный падеж (кого? что?: «Девочка ест яблоко»).

52. Ребенок правильно использует дательный падеж (кому? чему?: «Очки принадлежат мальчику»).

Речь: мелодя и интонация речи

53. Ребенок меняет громкость речи в зависимости от настроения и ситуации.
54. Ребенок меняет интонацию в зависимости от цели высказывания (вопрос, утверждение и т. д.).
55. Ребенок может выделять/акцентировать отдельные слова, подчеркивая их особое значение.
56. Ребенок способен поддерживать осмысленный ритм речи при разговоре.

Речь: вербальная/невербальная коммуникация

57. Ребенок ищет и поддерживает зрительный контакт.
58. Ребенок ведет диалоги, которые касаются его ближайшего окружения.
59. Ребенок стоит лицом к говорящему.
60. Ребенок может выражать свои пожелания.
61. Ребенок сам начинает разговор.
62. Ребенок соблюдает чередование роли слушателя и говорящего.
63. Ребенок подчеркивает свою речь мимикой и жестами.
64. Ребенок использует слово «я».
65. Ребенок говорит в соответствии с ситуацией.
66. Ребенок учитывает особенности человека, который его слушает, и адаптирует свои реакцию или манеру общения к своему собеседнику.
67. Ребенок использует неситуативные знания.
68. Ребенок расспрашивает.
69. Ребенок адекватно отвечает на вопросы.
70. Ребенок внимательно слушает.
71. Ребенок может понятно пересказать короткую историю.
72. Ребенок может описать что-то особенное.

Речь: обращение с иллюстрированными книгами, текстами, рассказами и т. д.

73. Ребенок интересуется книгами.

74. Ребенок показывает и называет предметы или животных в книгах с картинками или имитирует их.

75. Ребенок любит рассматривать иллюстрированные книги.

76. Ребенок распознает взаимосвязи в иллюстрированных историях или книгах.

77. Ребенок может долго концентрироваться на историях или рассказах.

78. Ребенок может передать историю в логической последовательности.

79. Ребенок пытается «писать».

80. Ребенок интересуется написанным, пытается писать буквы.

81. Ребенок распознает картинки, символы и пиктограммы, которые часто используются в детском саду.

82. Ребенок распознает отдельные буквы.

Речь: основные условия

83. Ребенок реагирует на собственное имя.

84. Ребенок проявляет эмоциональную реакцию на дружелюбное лицо.

85. Ребенок имеет хорошую моторику речевого аппарата.

86. Ребенок реагирует на шепот.

87. Ребенок распознает различные звуки и может их классифицировать.

88. Ребенок поворачивает голову в сторону, из которой идет шум.

89. Ребенок может повторить ряд из нескольких слов.

90. Ребенок распознает вещи вблизи.

91. Ребенок распознает вещи на расстоянии.

92. Ребенок чувствует себя комфортно в своих действиях.
93. Ребенок интересуется окружающей средой.
94. Ребенок четко реагирует на предложения о взаимодействии.
95. Ребенок воспринимает чувства других людей и проявляет эмпатию.
96. Ребенок может с концентрацией и выдержкой заниматься определенным делом.
97. Ребенок может различать между важным и неважным.
98. Ребенок использует свое тело в соответствии с возрастом.
99. Ребенок демонстрирует хорошую координацию в сложных последовательностях движений.
100. Ребенок хорошо умеет выполнять бытовые действия, например, самостоятельно одеваться и раздеваться.
101. Ребенок демонстрирует социальное поведение в группе.
102. Ребенок обладает положительной самооценкой.

Dil Anlayışı

1. Çocuk isimleri anlıyor (ana sözcükler, örn. araba, oyuncak bebek).
2. Çocuk filleri anlıyor (eylem sözcükleri, örn. yemek, içmek, gitmek, koşmak).
3. Çocuk edatları anlıyor (konum tanımları, örn. üstünde, altında, yanında).
4. Çocuk sıfatları anlıyor (özellik sözcükleri, örn. büyük, küçük, üzgün, mutlu).
5. Çocuk somut durumlarda ona verilen talimatları anlıyor ve yerine getiriyor.
6. Çocuk durumdan bağımsız olan, tek parçalı talimatları anlıyor ve yerine getiriyor.
7. Çocuk durumdan bağımsız olan, birden fazla parçalı talimatları anlıyor ve yerine getiriyor.
8. Çocuk zaman bilgilerini anlıyor, örn. bugün, dün, yarın.
9. Çocuk ilişkileri ve etkileri anlıyor (örn. „Güneş doğduğunda hava aydınlanır.“).
10. Çocuk ne, kim, nerede, nasıl, ne zaman temellisoruları anlıyor ve doğru cevaplıyor.

Dil Alanı Kelime Dağarcığı/Kelimenin Anlamı

11. Çocuk tek tek kelimeleri söylüyor.
12. Çocuk 50’ye kadar kelime biliyor.
13. Çocuk filleri biliyor ve kullanıyor (eylem sözcükleri, örn. yemek, yürümek, uyumak).
14. Çocuk sıfatları biliyor ve kullanıyor (özellik sözcükleri, örn. kalın, ince, yaşlı, genç).
15. Çocuk edatları biliyor ve kullanıyor (konum tanımları, örn. önünde, üstünde, yanında, içinde).
16. Çocuk renklerin adını söyleyebiliyor.

17. Çocuk nesnelerin adını tam olarak ve ayrıntılı bir şekilde söylüyor (örn. kirpik).
18. Çocuk şekillerin adını söylüyor (örn. daire, üçgen, kare).
19. Çocuk üst kavramların adını söyleyebiliyor ve doğru tahsis edebiliyor (örn. elma = meyve).
20. Çocuk kendini farklı şekillerde ifade edebiliyor (örn. süreçleri tam olarak açıklama veya tanımlama).

Ses Üretimi/Ses Algısı

21. Çocuk a, e, i, o, u sesli harflerini söyleyebiliyor.
22. Çocuk m, p, d, b, n sessiz harflerini söyleyebiliyor.
23. Çocuk w, f, l, t, ng (Ju<u>ng</u>e, Kangal gibi), k, ch_2 (hoch, tüh gibi) ve v, ç, ğ, ş, l sessiz harflerini (çocuk, ağaç, yavru gibi) söyleyebiliyor.).
24. Çocuk j, r, g, f sessiz harflerini söyleyebiliyor.
25. Çocuk sessiz harf bağlantıları kurabiliyor, örn.: renkli.
26. Çocuk ch_1 (i<u>ch</u> gibi) ve sch gibi sesli harfleri söyleyebiliyor.
27. Çocuk, dr-, tr-, kr-, kn-, sch- gibi zor harf bağlantıları da kurabiliyor (örn. Schmetterling, Straße, Schnecke, yağmur, rüzgar, kelebek, peçete vs.).
28. Çocuk bire bir durumlarda anlaşılır şekilde konuşuyor.
29. Çocuk grup içinde anlaşılır şekilde konuşuyor.
30. Çocuk ritimleri algılıyor ve bunlara ellerini çırparak eşlik edebiliyor.
31. Çocuk kelimeleri hecelere ayırabiliyor/heceleri ellerini çırparak tekrarlayabiliyor.
32. Çocuk kafiyeli sözcükleri tanıyor.
33. Çocuk kafiyeli sözcükleri tamamlayabiliyor.
34. Çocuk kulağa benzer gelen kelimeleri ayırt edebiliyor.
35. Çocuk ilk sesleri tanıyor.

Kelime Kurma/CümleYapısı

36. Çocuk tek kelimeli cümleler kurarak konuşuyor.
37. Çocuk iki kelimeli cümleler kurarak konuşuyor.
38. Çocuk üç kelimeli cümleler kurarak konuşuyor (fiil, cümlenin ortasında bir yerde yer alıyor).
39. Çocuk, üç veya daha fazla kelimeli cümleler kurarak konuşuyor ve fiil cümlenin sonunda yer alıyor.
40. Çocuk ne, kim, nerede, nasıl, ne zaman temelli sorular soruyor.
41. Çocuk, fiili (eylem sözcüğü) kişiye göre değiştiriyor (ben gidiyorum, sen gidiyorsun, biz gidiyoruz).
42. Çocuk edatları cümle içinde doğru kullanıyor (konum tanımları, örn. içinde, üstünde, altında).
43. Çocuk çoğul biçimleri kullanıyor.
44. Çocuk Artikel kullanıyor (Almanca dilinde cinsiyet sözcüğü: der, die, das, ein, eine, einer).
45. Çocuk sıfatları (özellik sözcükleri) cümlede doğru kullanıyor.
46. Çocuk ne, kim, nerede, nasıl, ne zaman temellisoruları doğru cevaplıyor (cümle yapısı ve kurulan sözcükler doğru).
47. Çocuk, fiilin cümlenin sonunda olduğu yan tümceler kuruyor.
48. Çocuk, durumları veya olayları kronolojik olarak doğru sırada anlatabiliyor.
49. Çocuk -di'li geçmiş zamanı (görülen geçmiş zaman) doğru kullanıyor („Köpeği sevdim.").
50. Çocuk miş'li geçmiş zamanı (anlatılan geçmiş zaman) doğru kullanıyor („Arkadaşım hasta olmuş.").
51. Çocuk belirtme halini doğru kullanıyor (neyi/kimi, -i hali: „Oyuncaklarımı topladım.").
52. Çocuk yönelme halini doğru kullanıyor (-e hali: „Yarın çocuk parkına gideceğiz.").

Konuşma Melodisi ve Vurgulama

53. Çocuk, ortama ve duruma göre ses seviyesini değiştiriyor.
54. Çocuk cümlenin anlamına göre ses tonunu değiştiriyor (soru, nida vs.).
55. Çocuk, belirli kelimeleri öne çıkarmak için bunları vurgulayabiliyor.
56. Çocuk konuşurken mantıklı bir ritmi takip edebiliyor.

Sözlü İletişim/Sözlü Olmayan İletişim

57. Çocuk gözle teması arıyor ve koruyor.
58. Çocuk doğrudan çevresi ile ilgili diyaloglar kurabiliyor.
59. Çocuk yüzünü yüzünü onunla konuşan kişiye dönüyor.
60. Çocuk isteklerini ifade edebiliyor.
61. Çocuk kendiliğinden bir konuşma başlatıyor.
62. Çocuk konuşan-dinleyen değişimine uyuyor.
63. Çocuk mimik ve el-kol hareketleriyle anlattıklarını vurguluyor.
64. Çocuk „ben“ kipini kullanıyor.
65. Çocuk duruma uygun şekilde konuşuyor.
66. Çocuk, onu dinleyen kişiyi dikkate alıyor ve tepkilerini veya iletişimini karşısındaki kişiye uyumlu hale getiriyor.
67. Çocuk konuşmaya durumla ilgili olmayan bilgi birikimini dahil ediyor.
68. Çocuk durumu anlama/takip amaçlı durumu anlama/takip amaçlı sorular lar soruyor.
69. Çocuk soruları mantıklı şekilde cevaplıyor.
70. Çocuk dikkatli bir şekilde dinliyor.
71. Çocuk kısa bir hikayeyi mantıklı bir şekilde tekrar anlatabiliyor.
72. Çocuk özel bir şeyi açıklayabiliyor.

Resimli Kitaplar, Metinler, Hikayeler vb. ile İlişki (Okur Yazarlık)

73. Çocuk kitaplara ilgi duyuyor.
74. Çocuk resimli kitaplardaki eşyaların veya hayvanların adını söylüyor veya bunları taklit ediyor.
75. Çocuk resimli kitaplara bakarken aktif katılım gösteriyor.
76. Çocuk resimli hikaye veya kitaplardaki birbiriyle bağlantılı şeyleri tanıyor.
77. Çocuk hikaye ve anlatılara uzun süre konsantre olabiliyor.
78. Çocuk hikayeleri mantıklı sırada tekrar anlatabiliyor.
79. Çocuk „yazı yazmaya" çalışıyor.
80. Çocuk yazıya ilgi duyuyor ve harfler yazmaya çalışıyor.
81. Çocuk, kreşte sık sık kullanılan resimleri, sembolleri ve piktogramları tanıyor.
82. Çocuk münferit harfleri tanıyor.

Temel Ön Koşullar

83. Çocuk adını duyunca tepki veriyor.
84. Çocuk gülümser bir yüze duygusal tepkiler veriyor.
85. Çocuk iyi oral motor becerilerine sahip.
86. Çocuk fısıltıya tepki veriyor.
87. Çocuk farklı sesleri tanıyor ve bunları kategorize edebiliyor.
88. Çocuk bir ses kaynağı duyunca, buna yöneliyor (kafasını çeviriyor).
89. Çocuk arka arkaya söylenen bir kelime dizisini tekrarlayabiliyor.
90. Çocuk yakınındaki şeyleri algılayabiliyor.
91. Çocuk uzağındaki şeyleri algılayabiliyor.
92. Çocuk yaptıklarında kendini rahat hissediyor.
93. Çocuk çevresine ilgi duyuyor.
94. Çocuk kendisine sunulan etkileşim imkanlarına belirgin şekilde tepki veriyor.

95. Çocuk başkalarının hislerini fark ediyor ve empati gösteriyor.
96. Çocuk yaptığı şeyi konsantrasyon ve azim ile yapabiliyor.
97. Çocuk önemli olan şeylerle önemli olmayanları birbirinden ayırt edebiliyor.
98. Çocuk vücudunu yaşına uygun şekilde kullanıyor.
99. Çocuk, karmaşık hareket akışlarında iyi bir koordinasyona sahip.
100. Çocuk, günlük işlemlerde becerikli, örn. üstünü kendi başına giyip çıkarıyor.
101. Çocuk grup içinde sosyal davranışlar sergiliyor.
102. Çocuk pozitif bir özgüvene sahip.

Мова: розуміння мови

1. Дитина розуміє іменники (слова, що позначають речі, наприклад, машина, лялька).
2. Дитина розуміє дієслова (слова, що позначають дії, наприклад, їсти, пити, ходити, тренуватись).
3. Дитина розуміє прийменники (слова, що позначають положення, наприклад, на, під, поруч).
4. Дитина розуміє прикметники (слова, що позначають ознаки, наприклад, великий, маленький, сумний, щасливий).
5. Дитина розуміє прохання в конкретних ситуаціях і виконує їх.
6. Дитина розуміє однокомпонентні, незалежні від ситуації прохання і виконує їх.
7. Дитина розуміє багатокомпонентні, незалежні від ситуації прохання і виконує їх.
8. Дитина розуміє слова, що позначають час, наприклад, сьогодні, вчора, завтра.
9. Дитина розуміє зв'язки та наслідки (наприклад, «Коли сходить сонце, стає світло»).
10. Дитина розуміє питальні слова, правильно відповідаючи на них.

Мова: словниковий запас/розуміння значення слів

11. Дитина говорить окремі слова.
12. Дитина може говорити до 50 слів.
13. Дитина знає та використовує дієслова (слова, що позначають дії, наприклад, їсти, бігати, спати).
14. Дитина знає та використовує прикметники (слова, що позначають ознаки, наприклад, товстий, худий, старий, молодий).
15. Дитина знає та використовує прийменники (слова, що позначають положення, наприклад, перед, на, поруч, у).
16. Дитина називає кольори.

17. Дитина точно і детально називає предмети (наприклад, вії).
18. Дитина називає форми (наприклад, коло, трикутник, квадрат).
19. Дитина може називати родові поняття та правильно їх використовувати (наприклад, яблуко = фрукт).
20. Дитина може робити різноманітні висловлювання (наприклад, пояснювати або детально описувати процеси).

Мова: вимова та сприйняття звуків

21. Дитина вимовляє голосні a, e, i, o, u / а, е, і, о, у.
22. Дитина вимовляє звуки m, p, d, b, n / м, п, д, б, н.
23. Дитина вимовляє звуки w, f, l, t, ng / в, ф, л, т, нг (наприклад, Junge, янгол), k, ch_2, s, z, h / к, твердий х (наприклад, hoch, цех), с, ц.
24. Дитина вимовляє звуки j, r, g, pf / й, р, г, пф.
25. Дитина вимовляє сполучення приголосних, наприклад, kl, fl, bl, gl, br, fr, gr / кл, фл, бл, гл, бр, фр, гр.
26. Дитина вимовляє звуки ch_1 (ich), sch / м‘який х (-хь), ш.
27. Дитина вимовляє складні сполучення приголосних, наприклад, dr-, tr-, kr-, kn-, sch- / др-, тр-, кр-, кн-, ш- (наприклад, Schmetterling, Straße, Schnecke, шторм, шпалери, штрикати).
28. Дитина чітко говорить під час розмови з одним співрозмовником.
29. Дитина чітко говорить при розмові в групі.
30. Дитина розрізняє ритми та може плескати долонями у ритм.
31. Дитина може поділяти слова на склади.
32. Дитина розпізнає римівки.
33. Дитина вміє доповнювати римівки.
34. Дитина розрізняє слова, схожі за звучанням.
35. Дитина розпізнає перші звуки в словах або складах.

Мова: побудова слів іречень

36. Дитина говорить речення з одного слова.
37. Дитина говорить речення з двох слів.
38. Дитина говорить речення з трьох слів (дієслово стоїть у кінці речення).
39. Дитина будує речення з трьох і більше слів, у яких дієслово стоїть на другому місці.
40. Дитина ставить питання з питальними словами.
41. Дитина змінює закінчення дієслів (слова, що позначають дію) відповідно до особи (я йду, ти йдеш, ми йдемо).
42. Дитина правильно розуміє прийменники в реченні (слова, що позначають положення, наприклад, в, на, під).
43. Дитина використовує множину.
44. Дитина вживає артиклі в німецькій мові (der, die, das, ein, eine, einer).
45. Дитина правильно використовує прикметники (слова, що позначають ознаки) в реченні.
46. Дитина правильно відповідає на питання із питальним словом (побудова речення та слів правильна).
47. Дитина будує складні речення, в яких дієслово стоїть на останньому місці (в німецькій мові).
48. Дитина відтворює ситуації або події у правильній послідовності.
49. Дитина правильно використовує доконану форму минулого часу («Я погладив собаку»).
50. Дитина правильно використовує недоконану форму минулого часу («Хлопчик казав дівчинці …»).
51. Дитина правильно використовує знахідний відмінок («Дівчинка їсть - що?- яблуко»).
52. Дитина правильно використовує давальний відмінок («Окуляри належать - кому?- хлопчику»).

Мова: мелодика та інтонація мовлення

53. Дитина змінює гучність мовлення залежно від настрою та ситуації.
54. Дитина змінює інтонацію залежно від того, яке речення вона говорить (питання, твердження тощо).
55. Дитина може наголошувати/акцентувати окремі слова, підкреслюючи їхнє особливе значення.
56. Дитина здатна підтримувати змістовний ритм мовлення під час розмови

Мова: вербальна/невербальна комунікація

57. Дитина шукає і підтримує зоровий контакт.
58. Дитина веде діалоги, які стосуються її найближчого оточення.
59. Дитина стоїть обличчям до того, хто говорить.
60. Дитина може виражати свої побажання.
61. Дитина сама починає розмову.
62. Дитина дотримується чергування ролі слухача та мовця.
63. Дитина підкреслює своє мовлення мімікою та жестами.
64. Дитина використовує слово «я».
65. Дитина говорить відповідно до ситуації.
66. Дитина враховує особливості людини, яка її слухає, і адаптує свої реакцію або манеру спілкування до свого співрозмовника.
67. Дитина спирається на неситуативні знання.
68. Дитина розпитує.
69. Дитина адекватно відповідає на питання.
70. Дитина уважно слухає.
71. Дитина може змістовно переказати коротку історію.
72. Дитина може описати щось особливе.

Мова: користування ілюстрованими книжками, текстами, розповідями тощо

73. Дитина цікавиться книжками.
74. Дитина показує та називає предмети чи тварин у книжках із картинками або імітує їх.
75. Дитина любить розглядати ілюстровані книжки.
76. Дитина розпізнає взаємозв'язки в ілюстрованих історіях або книжках.
77. Дитина може довго концентруватися на історіях або розповідях.
78. Дитина може передати історію в логічній послідовності.
79. Дитина намагається «писати».
80. Дитина цікавиться письмом, намагається писати літери.
81. Дитина розпізнає картинки, символи та піктограми, які часто використовуються в дитячому садку.
82. Дитина розпізнає окремі літери.

Базові вимоги

83. Дитина реагує на власне ім'я.
84. Дитина демонструє емоційну реакцію на привітне обличчя.
85. Дитина має хорошу моторику мовленнєвого апарату.
86. Дитина реагує на шепіт.
87. Дитина розпізнає різні звуки та може їх класифікувати.
88. Дитина повертає голову в бік, з якого лунає шум.
89. Дитина може повторити ряд із кількох слів.
90. Дитина розпізнає речі поблизу.
91. Дитина розпізнає речі на відстані.
92. Дитина відчуває задоволення від власних дій.
93. Дитина цікавиться довкіллям.
94. Дитина чітко реагує на пропозиції взаємодії.
95. Дитина сприймає почуття інших і проявляє емпатію.

96. Дитина може з концентрацією та витримкою займатися певною справою.
97. Дитина може розрізняти між важливим та неважливим.
98. Дитина використовує своє тіло відповідно до віку.
99. Дитина демонструє хорошу координацію в складних послідовностях рухів.
100. Дитина добре вміє виконувати побутові дії, наприклад, самостійно одягатися та роздягатися.
101. Дитина демонструє соціальну поведінку в групі.
102. Дитина має позитивну самооцінку.